0

zero

ноль

10

dez

десять

20

vinte

двадцать

30

trinta

тридцать

40

quarenta

сорок

50

cinquenta

пятьдесят

60

sessenta

шестьдесят

70

setenta

семьдесят

80

oitenta

восемьдесят

90

noventa

девяносто

100

cem

сто

1000

mil

тысяча

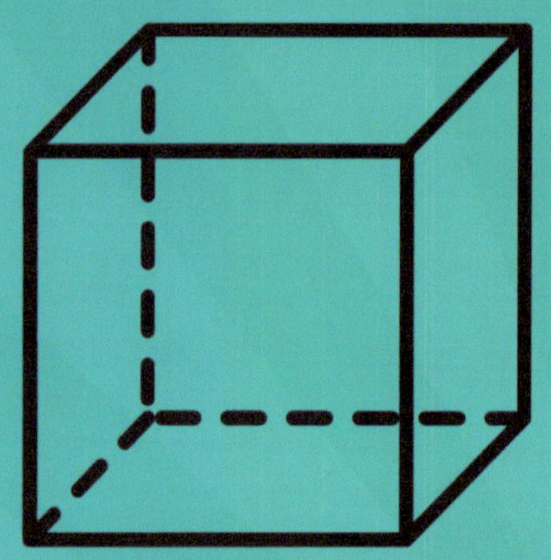

cubo

кубик

bloco

кубик

cubo de gelo

кубик льда

caramelo

карамель

açúcar

сахар

dados

игральные кости

caixa de presente

подарочная коробка

caixa de papelão

картонная коробка

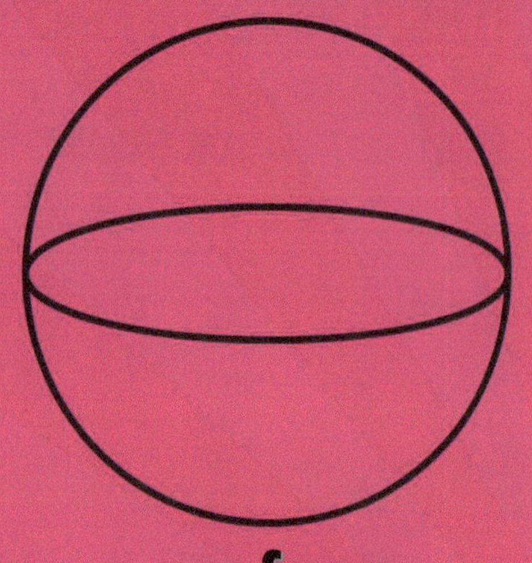

esfera

сфера

colher de sorvete

шарик мороженого

pérola

жемчуг

bolha

пузырь

mármores

шарики

bola de neve

снежный шар

planeta

планета

bola de ténis

теннисный мяч

cilindro

цилиндр

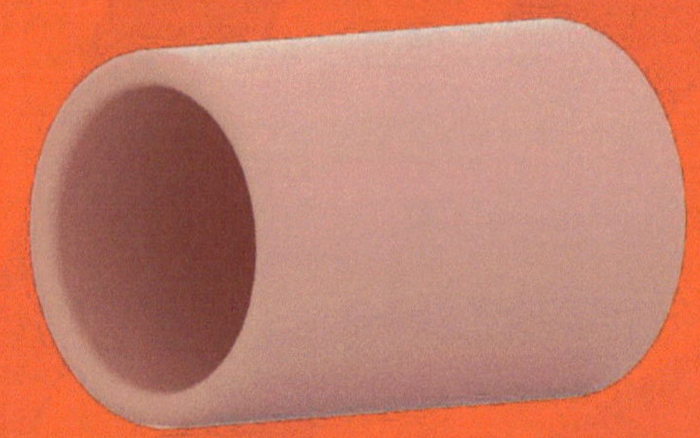

tubo

трубка

baterias

батарейки

carretel de linha

катушка с нитками

canela

корица

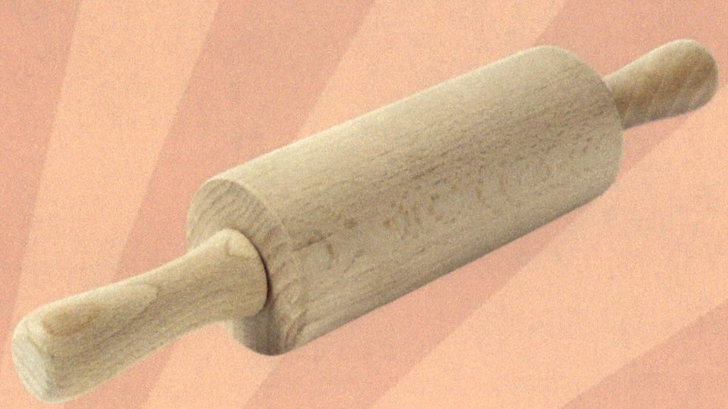

rolo da massa

скалка

salsicha

сосиска

fardo de feno

стог сена

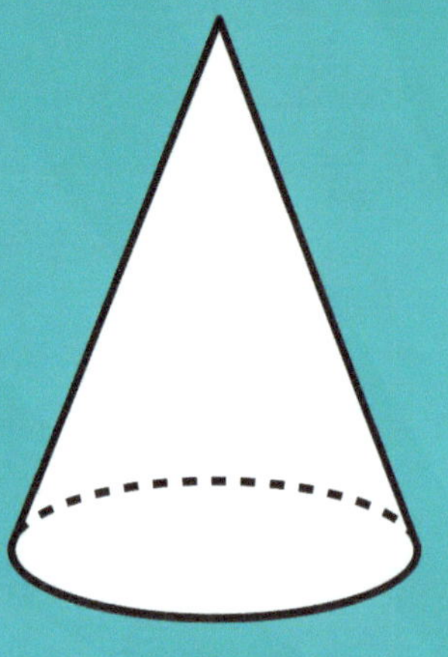

cone

конус

cone de trânsito

дорожный конус

cone de gelado

рожок мороженого

chapéu de bruxa

шляпа ведьмы

calabouço

темница

abeto

ель

chapéu de festa

праздничная шляпа

caracol

улитка

amora

ежевика

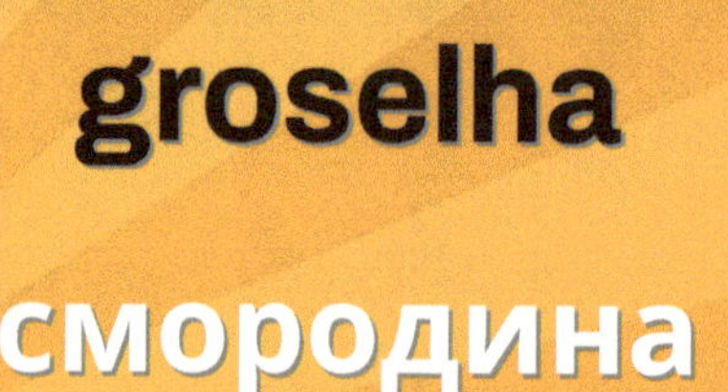

groselha

смородина

clementina

клементин

durião

дуриан

pitaia

питайя

jaca

джекфрут

carambola

карамбола

espargos

спаржа

rabanete

редиска

feijão-vermelho

красная фасоль

nabo

репа

mandioca

маниока

inhame

сладкий картофель

grão-de-bico

нут

águia

орёл

morcego

летучая мышь

castor

бобёр

flamingo

фламинго

corvo

ворон

melro

чёрный дрозд

chapim-azul

синяя синица

pega

сорока

andorinha

ласточка

cotovia

жаворонок

periquito

попугай

pica-pau

дятел

pavão

павлин

papagaio

попугай

tucano

тукан

cegonha

аист

coral

коралл

anémona-do-mar

морской анемон

ouriço-do-mar

морской еж

cavalo-marinho

морской конек

peixe-palhaço

рыба-клоун

peixinho dourado

золотая рыбка

caranguejo

краб

caranguejo eremita

рак-отшельник

golfinho

дельфин

narval

нарвал

polvo

осьминог

lula

кальмар

tubarão-baleia

китовая акула

orca

косатка

baleia azul

синий кит

baleia-beluga

белуха

tubarão-martelo

акула-молот

tubarão-branco

белая акула

tubarão-limão

лимонная акула

tubarão-tigre

тигровая акула

gafanhoto

кузнечик

lagarta

гусеница

escorpião

скорпион

lagarto

ящерица

dinossauros

динозавры

cabelo preto

черные волосы

cabelo ruivo

рыжие волосы

cabelo castanho

каштановые волосы

cabelo louro

светлые волосы

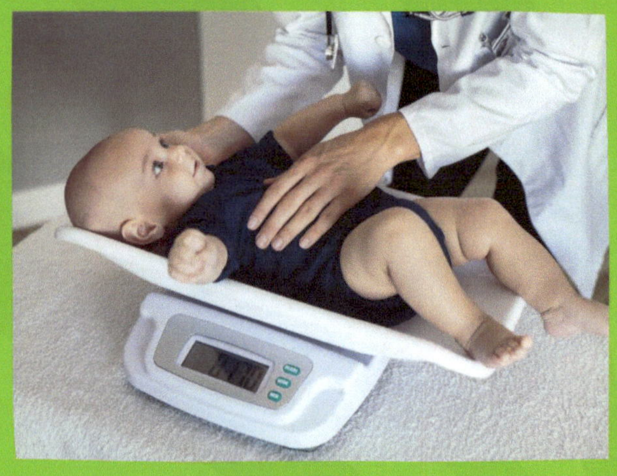

balança

весы

hospital

больница

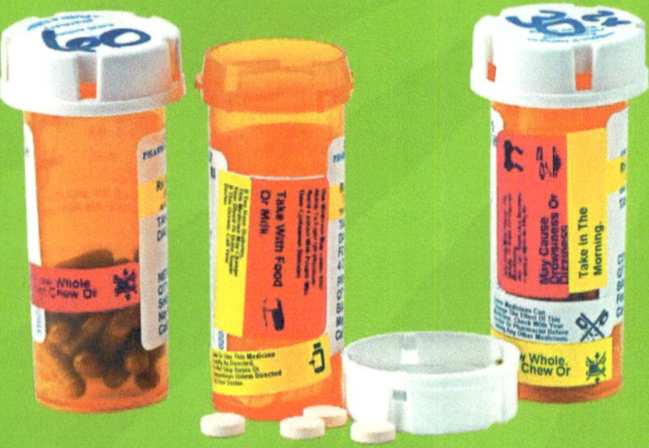

medicina

лекарство

termómetro

термометр

ligadura

бинт

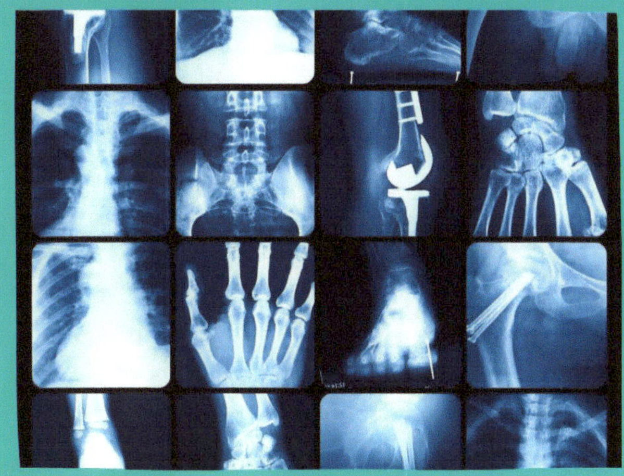

raio-x

рентген

médico

врач

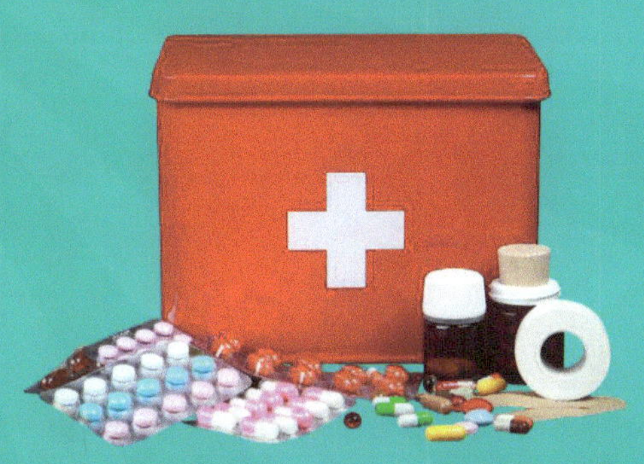

kit de primeiros socorros

аптечка

jogar

играть

desenhar

рисовать

contar

считать

escrever

писать

dança

танцы

natação

плавание

esquiar

лыжи

basquetebol

баскетбол

ténis

теннис

pingue-pongue

настольный теннис

futebol

футбол

passeios a cavalo

верховая езда

hóquei no gelo

хоккей

judo

дзюдо

boxe

бокс

corrida

бег

basebol

бейсбол

críquete

крикет

rúgbi

регби

voleibol

волейбол

maracas

маракасы

pandeireta

бубен

xilofone

ксилофон

violino

скрипка

piano

пианино

guitarra

гитара

violoncelo

виолончель

harpa

арфа

tambor

барабан

djembe

джембе

bateria

ударная установка

trompete

труба

trompa

рог

saxofone

саксофон

flauta

флейта

auscultadores

наушники

cantar

петь

partitura

ноты

microfone

микрофон